雪国で生まれた刺繡

liteの模様図鑑

黒田美里

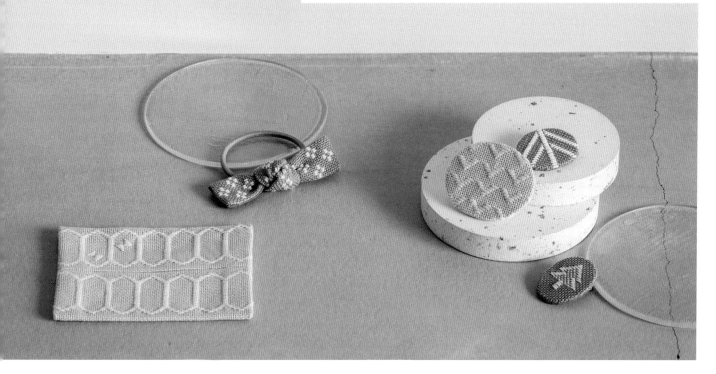

文化出版局

CONTENTS

mori

青森ヒバをモチーフにした図案。並べて刺したり、ランダムに刺したり……。配置のしかたで印象が変わります。 > p.50

leaf

葉脈をイメージした図案。縦線の数や目数を増減することで、いろいろな表情が楽しめます。　> p.50

coya

斜線だけで表現できるシンプルな図案です。煙突をつけると愛らしい雰囲気に。 > p.51

wadachi

冬の朝、まっさらな雪道に残ったタイヤの跡を表現しました。 > p.51

ざらめ雪

太宰治の小説『津軽』に出てくる七つの雪を刺繡で表現しました。 > p.52, 53

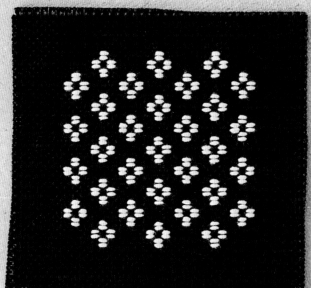

こおり雪

かた雪

9

sakana

伝統的な菱形を応用して、連続模様に。縦、横どちらに並べても。 > p.53

umineco

small waves

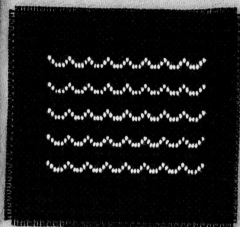

minamo

nami

umineco　青森にいるウミネコをイメージした模様。　> p.54

minamo　十和田湖の水面をイメージしながら考えた図案です。　> p.54

small waves　青森の海を1目の点だけで表現しました。　> p.55

nami　p.12のringの応用。青森の荒波をスカラップ模様で表現しました。　> p.55

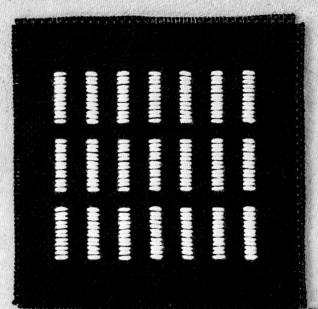

vent

プールで泳いでいるときに、排水溝を眺めていたら
この図案がふと思い浮かびました。
ventには「通気口」という意味も。
> p.56

ring

サークル模様を刺繍で表現。
一列に刺すか、全面に刺すかで表情が変わります。
> p.56

turn

p.12のringの応用。
縦にも横にもつなげられます。
大好きなお菓子がデザインのヒントに。
> p.57

chain

鎖状の連続模様は、
p.11のsmall wavesの応用。
> p.58

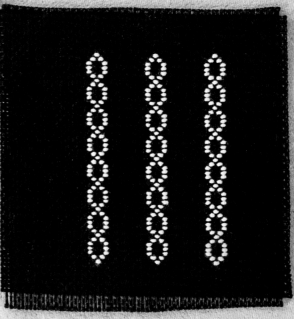

chou

チョウチョの形をしたこのモチーフは、
伝統模様を応用したもの。本来は縦になる図案を
横向きにすることで生まれました。
> p.58

uraraka

野の花をかたどったこの図案は、
娘が小学生だった頃に考えてくれたもの。
> p.58

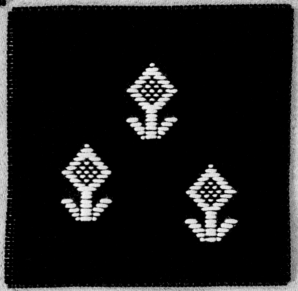

cosmos

コスモスはギリシャ語で
「秩序」や「規則正しく」という意味。
整然と並んだ1目の点だけで花モチーフを表現しました。
> p.58

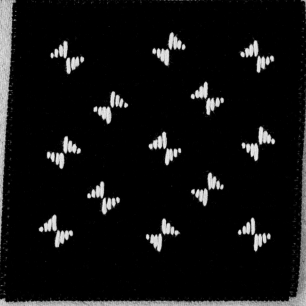

revival

最も簡素で最も難しい図案。
小さなチョウは再生と復活の象徴といわれています。
> p.59

biscuit

p.11のsmall wavesを応用したデザイン。大好きなスカラップをこぎん刺し風に表現しました。　> p.60

ringo

青森を代表するモチーフの一つ、リンゴ。
ワンポイントで刺しても、
いくつか並べて連続模様にしても。
> p.61

gift

プレゼントのリボンを縦の線だけで表現しました。
> p.61

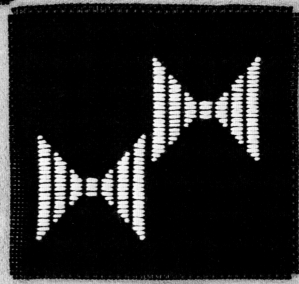

オーバルブローチ（大）　how to make > p.62

オーバルブローチ(小)　how to make > p.62

19

ミニバッグとカードケース　　how to make > p.66（ミニバッグ）, 70（カードケース）

丸底巾着　　how to make > p.72

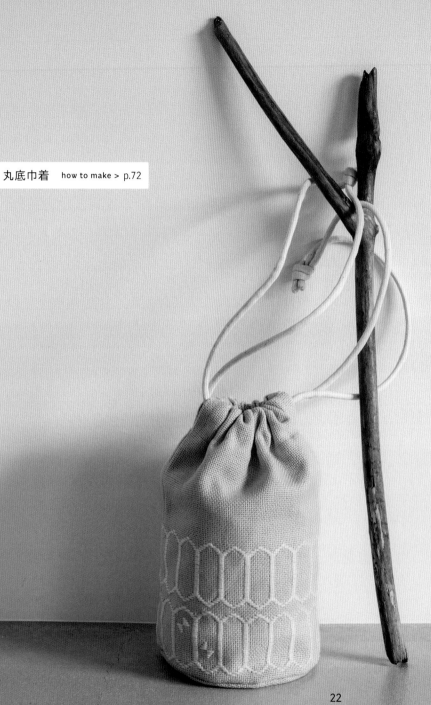

22

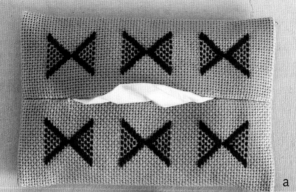

ポケットティッシュケース　how to make > p.75

a

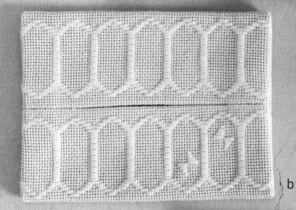

b

c

a   b   c

おやつマット　how to make > p.76

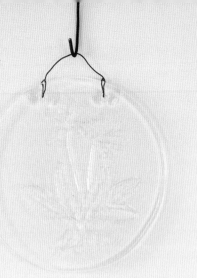

ファブリックボード　how to make > p.78(a·b), 80(c)

a

b

c

クッション（小）　how to make > p.82

28

クッション（大）　how to make > p.84

カーテンタッセル　how to make > p.81

29

a

つけ衿　how to make > p.86

30

b

a

リボンのヘアゴム　how to make > p.94

c

b

33

バケツ形バッグ　how to make > p.88

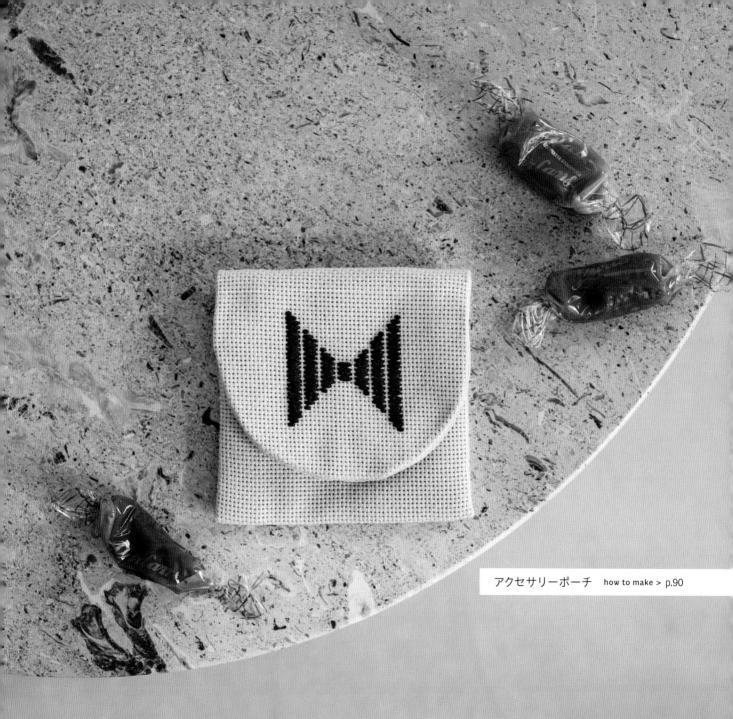

アクセサリーポーチ　how to make > p.90

a

かごの持ち手　how to make > p.92

a

b

ピンクッション　how to make > p.95

38

古本屋で買った小説に、偶然、こぎん刺しの栞がはさんでありました。
それが、私とこぎん刺しの出合いです。

こぎん刺しの歴史を調べてみると、当時の津軽の女性たちは自分で図案を考え
一つ一つの模様に名前をつけていたことがわかり、
それならば私も身のまわりの風景や思いを形にしてみたい──と思い立ち
最初の図案「leaf」が誕生しました。

布の裏に糸を渡しながら、横一列に刺していくのが
本来のこぎん刺しのやり方ですが、
私の場合はワンポイントで刺すことが多いので
裏に渡る糸があまり多くならないように刺し方をアレンジ。
こぎん刺しにカウントステッチの技法を組み合わせることで
より自由な発想で作品づくりができるようになりました。

liteは、「少し、ちょっと」という意味のスウェーデン語。
お気に入りの模様を暮しに取り入れることで
少しでも心豊かに毎日を過ごしていただけたら
こんなにうれしいことはありません。

刺し方の基本とレッスン

この本で使用した糸や布、基本の道具について紹介します。
p.45からのレッスンでは、きれいに刺すためのコツをプロセス写真つきで詳しく説明します。

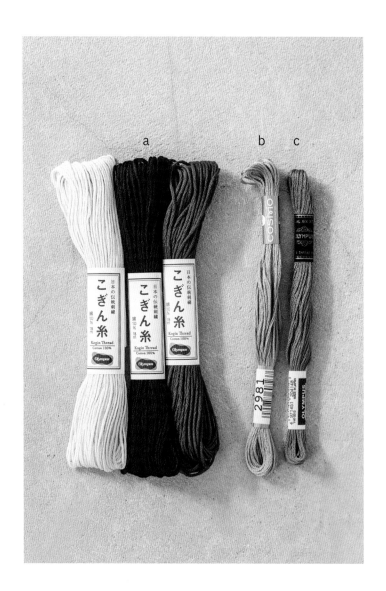

糸について

この本では、ふんわりとした風合いに仕上げるため、こぎん糸の中でも甘撚りの「オリムパス こぎん糸」を主に使用しています。25番刺繍糸を組み合わせて使う場合は、質感が似ている国産糸を選ぶのがおすすめ。メーカーによって糸の撚りぐあいや風合い、色調が違うので、好みに合わせて選びましょう。

こぎん糸

a 「オリムパス こぎん糸」 2本合せの細い糸を6本撚り合わせ、素朴でやわらかな風合いを大切にした、こぎん用の糸。好みの太さに取り分けて太さが調整できる。
綿100%、全40色、1かせ18m／日本製

刺繍糸

6本の細い糸をゆるく撚り合わせた刺繍糸。布に合わせて糸の太さが調節でき、色数が豊富なところも魅力。

b 「COSMO 25番刺しゅう糸」 色あせ、色落ちしにくい上品な光沢と、美しい発色が魅力の刺繍糸。
綿100%、全500色（単色）、1束8m／日本製

c 「オリムパス 25番刺しゅう糸」 2本合せの細い糸を6本撚り合わせた刺繍糸。安定した色調と色感、美しい光沢感が特徴。
綿100%、全434色（ボカシ含む）、1かせ8m／日本製

糸の扱い方

こぎん糸や25番刺繍糸の多くは、「かせ」と呼ばれる束の状態で販売されています。
使いやすいようにあらかじめ準備しておきましょう。

こぎん糸

1
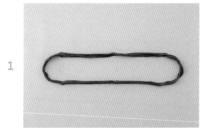
ラベルをはずし、かせをほどいて輪の状態に
広げる。

2

1か所結んであるところがあるので、結び目を
カットする。

3

輪の片側をカットする。

4
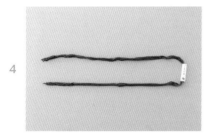
ラベルを通す。

5

1本ずつ引き抜いて使う。

25番刺繍糸

1

ラベルははずさず、糸端を少し引いてみて、ス
ムーズに動くほうの糸端をゆっくりと引き出す。

2

使いやすい長さ（40〜60cm）にカットする。

3

糸端から1本ずつ引き出してから、指定の本数
になるように糸端をそろえて整える。

刺し方の基本とレッスン

布について

おすすめなのは、布目が数えやすい平織りの布。この本では、すべての作品に「コングレス」という刺繍用の布を使用しています。

ケンセン コングレス

クロス・ステッチやこぎん刺しなど、カウントステッチに適した布。縦と横が同比率なので、織り糸が数えやすいのが魅力。約7×7目／1cm、90cm幅、全8色

カウント数と図案の関係

布の織り糸を数えながら刺していくカウントステッチでは、使う布によって刺し上がる模様の大きさが変わります。また、たて糸とよこ糸の打ち込み本数によって刺し上りの形が変わります。

aは「ケンセン コングレス」、bは約縦7×横8目／1cmのリネン、cは約縦10×横10目／1cmのリネンを使用して刺したものです。

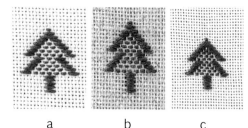

a   b   c

針について

織り糸を割らないよう、針先が丸くなった針を使います。
針穴が大きく、糸が通しやすいとじ針やこぎん針、クロス・ステッチ針がおすすめです。

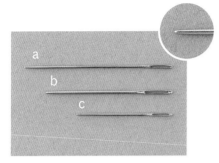

a こぎん針
こぎん刺し専用の針。一度にたくさんの目が拾えるよう、長めに作られている。

b とじ針
15〜17番程度の細めのものが適している。

C クロス・ステッチ針
18〜20番程度の太めのものが適している。

糸の通し方

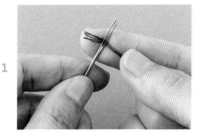

1 針を左手に持ち、糸端を人さし指にのせて、その上に針を軽く押し当てる。

2 糸端を針にかけて二つ折りにし、根もとをしっかり持ったまま針を抜く。

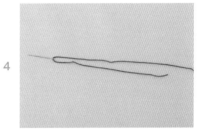

4 針に糸が通ったところ。短いほうの糸端を約10〜20cm残しておく。

3 糸が平らな状態のまま、輪になった部分を針穴に通す。

糸が通しにくいときは…

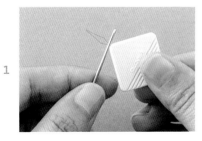

1 スレダー (p.44) を使えば、糸通しがスムーズ。輪状になった針金部分を針穴に通す。

2 1の輪状になった針金部分に糸を通す。

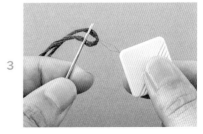

3 スレダーを引き抜くと、針に糸が通る。

刺し方の基本とレッスン

道具について

特別な道具がなくても楽しめるのがカウントステッチの魅力。
ここでは最低限必要な道具を紹介します。

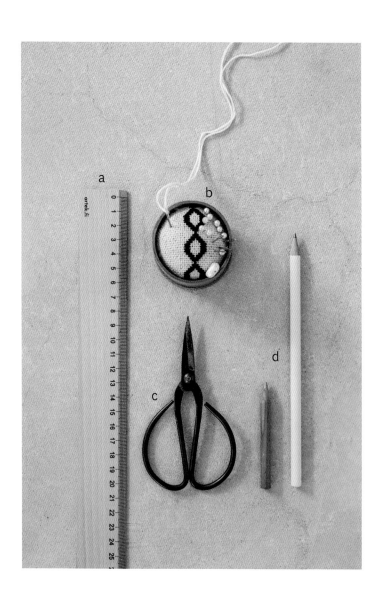

a 定規

刺す位置を確認したり、布に印をつけたりするときに使用。長さ20〜30cm程度のものが便利。

b 縫い針、まち針

作品を手縫いで仕立てるときや、布どうしを仮どめするときに使用。

c 糸切りはさみ

糸始末をするときに使用する。刃先のとがった、小ぶりで切れ味のよいものが1本あると重宝。

d 鉛筆、色鉛筆

布に印をつけるときに使用。色鉛筆は、濃い色の布に印をつけるときに。
＊布の表側にしっかり印をつけたいときは、水で消える印つけペンを使用する。

あると便利な道具

e「スレダー（糸通し）」針穴に糸を通すための道具。
スレダー「プチカット」／クロバー

f「ほつれ止め液」 布の周囲に塗って、布端の糸がほつれるのを防ぐ。
「ほつれストップ液」／クロバー

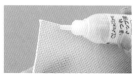

布端の糸がほつれて糸が引っかかる場合は、ほつれ止め液を塗っておくと作業がしやすくなります。

ｍｏｒｉ (p.4) を刺してみましょう

1段ごとに針目を増減させながら刺し進めることで、
さまざまな模様を表現することができます。
まずは小さな模様をワンポイントで刺してみましょう。
chou (p.14) やuraraka (p.14) など、多くの模様に共通する刺し方です。
糸の引きかげんが均一になるよう、注意しながら刺しましょう。

図案の見方と刺し方のポイント

図案の方眼線は布の織り糸を表わし、太い横線は布の表側に渡っている
糸を表わします。この太線の長さが糸の長さ、つまり目数を表わします。
たとえば太線が3本の縦線をまたいでいる場合は3目と数えます。また、太
線が描かれていない部分は、同じ目数分だけ裏側に糸が渡ります。
図案の上から刺し始め、右から左へ、左から右へと、1目ずつ針を抜き刺し
しながら下に向かって刺し進めます。小物に仕立てる場合は、中心からの
目数を数えて刺し始めの位置を確認しましょう。連続模様として刺す場合
も、一つ一つ模様を完成させていきます。

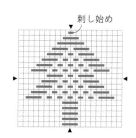

刺し始め

1 布を縦、横それぞれに二つ折りにし
て、中心を決める。矢印（布目線）は
布地の縦方向を表わす。

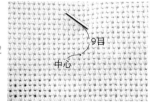

2 布の中心から織り糸を数え、図案の
刺し始めの位置から針を出す。

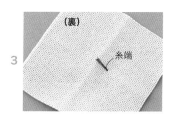

3 刺し始めは玉結びを作らずに、糸端
を約2cm残しておく。

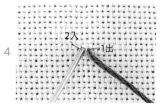

4 図案どおりに織り糸を数えながら刺
す。1段めは1目左に針を入れる。

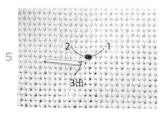

5 4の糸を裏に引き出し、1段下の1目左
(3)から針を出す。

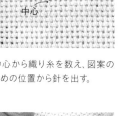

6 模様を刺しながら糸始末をする。5で
次の段に移る際、3で残しておいた糸
端の上に糸を渡して押さえる。

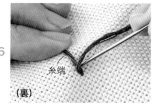

7 3目右(4)に針を入れ、2段めを刺す。
次の段に移る際は、糸を引きすぎな
いように注意して。

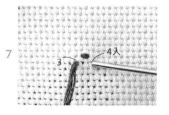

8 1段下の1目右(5)から針を出す。

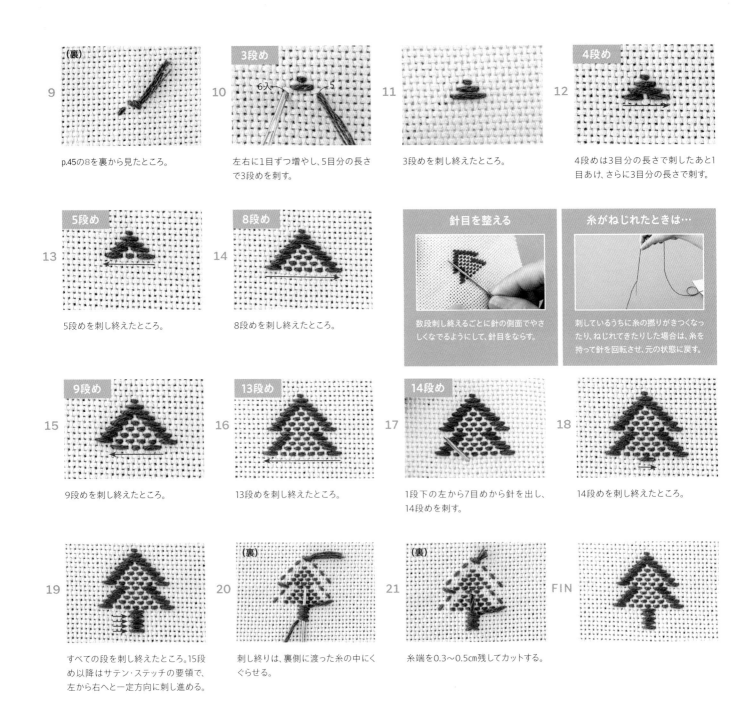

9 (裏)
p.45の**8**を裏から見たところ。

10 3段め
6入　5
左右に1目ずつ増やし、5目分の長さで3段めを刺す。

11
3段めを刺し終えたところ。

12 4段め
4段めは3目分の長さで刺したあと1目あけ、さらに3目分の長さで刺す。

13 5段め
5段めを刺し終えたところ。

14 8段め
8段めを刺し終えたところ。

針目を整える
数段刺し終えるごとに針の側面でやさしくなでるようにして、針目をならす。

糸がねじれたときは…
刺しているうちに糸の撚りがきつくなったり、ねじれてきたりした場合は、糸を持って針を回転させ、元の状態に戻す。

15 9段め
9段めを刺し終えたところ。

16 13段め
13段めを刺し終えたところ。

17 14段め
1段下の左から7目めから針を出し、14段めを刺す。

18
14段めを刺し終えたところ。

19
すべての段を刺し終えたところ。15段め以降はサテン・ステッチの要領で、左から右へと一定方向に刺し進める。

20 (裏)
刺し終りは、裏側に渡った糸の中にくぐらせる。

21 (裏)
糸端を0.3〜0.5cm残してカットする。

FIN

leaf（p.5）を刺してみましょう

こぎん刺しの基礎模様として知られる「糸柱」と「糸流れ」を組み合わせて、
葉脈を表現した模様ですが、裏に渡る糸が長くならないよう、刺し方をアレンジしました。
wadachi（p.7）、ざらめ雪（p.8）、vent（p.12）、gift（p.17）などにも共通する刺し方です。

刺し方のポイント

中央の上から刺し始め、縦の模様をすべて刺してから、3本の柱をつなぐように斜めの模様を刺します。
縦の模様と斜め模様の交点では、同じ穴から刺す部分がいくつかあるので、
針先で糸を割らないように注意しましょう。

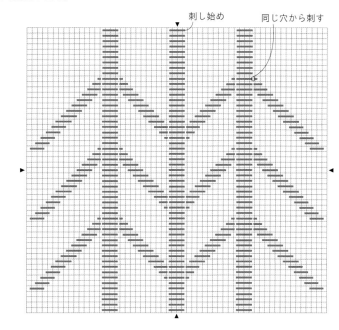

刺し始め　　同じ穴から刺す

1　p.46の19を参照して、縦の模様をすべて刺す。小物に仕立てる場合は、中央、左右の順に刺し進めると刺しやすい。

2　右側の縦の模様の上から10目めから斜めの模様を刺し始める。縦の模様の1目右から針を出し、1目左（縦の模様と同じ穴）に針を入れる。

9目

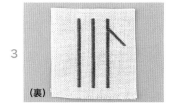

3　（裏）1段ずつ針目を外側にずらしながら、サテン・ステッチの要領で右から左へと一定方向に刺し進める。

4　いちばん上の模様を刺し終えたところ。同様に斜めの模様をすべて刺す。

FIN

nami（p.11）を刺してみましょう

最後は、スカラップ状の連続模様の刺し方です。
small waves（p.11）やring（p.12）、turn（p.13）、
chain（p.13）、biscuit（p.16）などにも応用できます。

図案の見方と刺し方のポイント

小物に仕立てる場合は中心を決め、模様の中央の上から刺し始め、
左右の模様を半分ずつ完成させていきます。針目の順序が多少前後してしまっても大丈夫。
ここで紹介する刺し方は一例ですので、ご自身の刺しやすい手順を見つけてください。

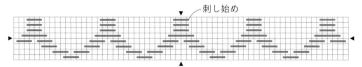

刺し始め

1 中心の右上から刺し始め、3目分の長さで3段刺す。4段めは左右に1目ずつ増やし、5目分の長さで刺す。

2 5段めは右に1目ずらして針を出す。

3 3目めに針を入れる。

4 1目あけて同じ長さの針目（3目）でもう一度刺す。

5 6段めからは左に刺し進める。左に1目ずらして、3目分の長さで刺す。

6 7段めは4と同じ要領で、同じ長さの針目（3目）を1目あけて2つ刺す。

7 6で刺した2つの針目の下に、同じ長さの針目（3目）で8段めを刺す。

8 6で刺した左の針目の1段上に、左に2目ずらして針を出す。

9 同じ長さの針目（3目）で、左に1針分刺し進める。

10 6と同様に、同じ長さの針目（3目）を1目あけて2つ刺す。

11 1と同じ模様を今度は下から上に向かって刺す。

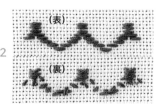

12 次のスカラップに移るときは、裏に渡った糸にくぐらせてから、5〜11を繰り返し、すべての模様を完成させる。

48

図案と作品の作り方

この本の使い方

- 材料中、布と糸はメーカー、商品名、色の順に
  表記しています。

- こぎん糸は取り分けずにそのまま使用します。
  25番刺繍糸は指定の本数になるよう、
  糸を取り分けて使用しましょう。

- 布の用尺は幅×長さで、
  実際の寸法より少し多めに表記しています。

- 出来上り寸法はおおよその寸法です。

- 図中の数字で、特に指定がない場合の単位はcmです。

- 図中の▼は図案の中心を表わします。

- 好きな模様を選んで小物に仕立てる場合は、
  作品に合わせて模様を増減してください。
  また、必要に応じて図案の中心を決め、配置を調整しましょう。

模様図鑑 (p.4-5)

材料（共通）
布　ケンセン コングレス（約7×7目／1cm）
　　黒（62）
糸　オリムパス こぎん糸 生成（731）

mori

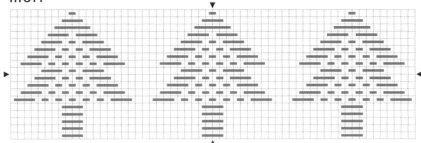

leaf

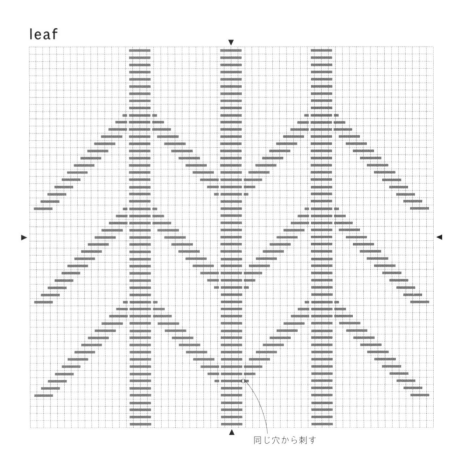

同じ穴から刺す

模様図鑑 (p.6-7)

材料（共通）

布　ケンセン コングレス（約7×7目／1cm）
　　黒（62）
糸　オリムパス こぎん糸 生成（731）

coya

同じ穴から
刺す

wadachi

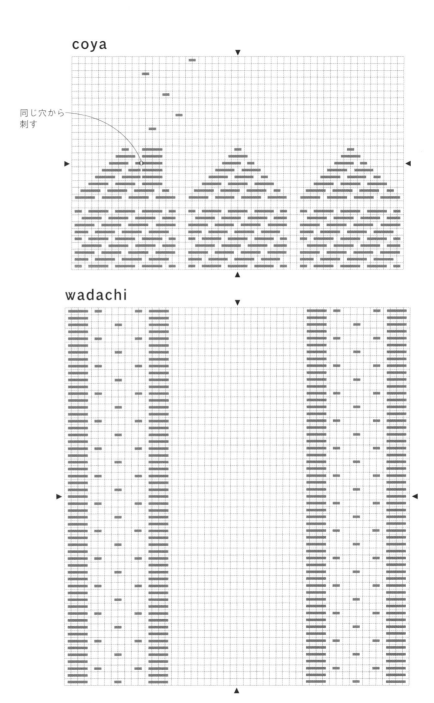

模様図鑑 (p.8-9)

材料（共通）
布　ケンセン コングレス（約7×7目／1cm）
　　黒（62）
糸　オリムパス こぎん糸 生成（731）

ざらめ雪

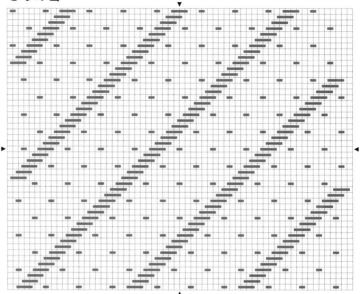

こおり雪

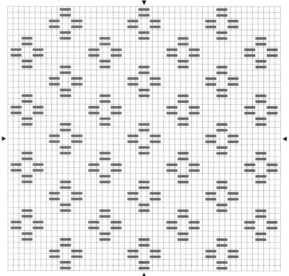

模様図鑑 (p.9-10)

材料(共通)
布 ケンセン コングレス(約7×7目／1cm)
　　黒(62)
糸 オリムパス こぎん糸 生成(731)

かた雪

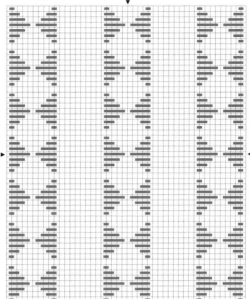

sakana

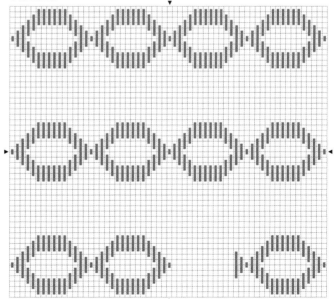

模様図鑑 (p.11)

材料（共通）
布　ケンセン コングレス（約7×7目／1cm）
　　黒（62）
糸　オリムパス こぎん糸 生成（731）

umineco

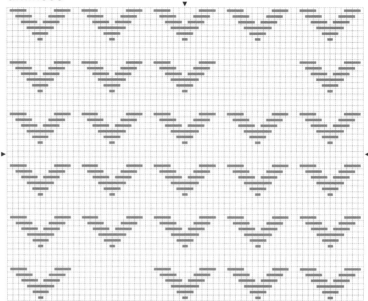

minamo

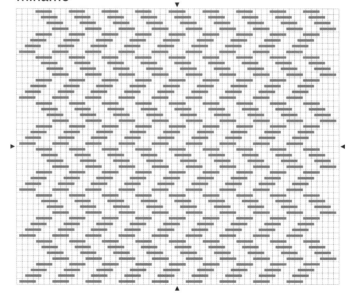

模様図鑑 (p.11)

材料（共通）
布 ケンセン コングレス（約7×7目／1㎝）
黒（62）
糸 オリムパス こぎん糸 生成（731）

small waves

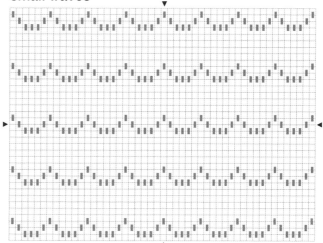

nami

模様図鑑 (p.12)

材料（共通）

布　ケンセン コングレス（約7×7目／1cm）
　　黒（62）
糸　オリムパス こぎん糸 生成（731）

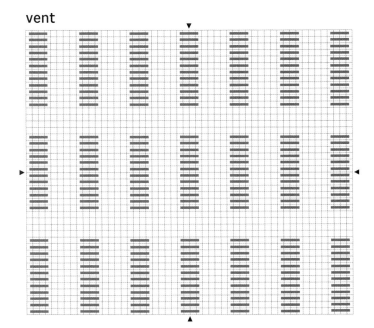

vent

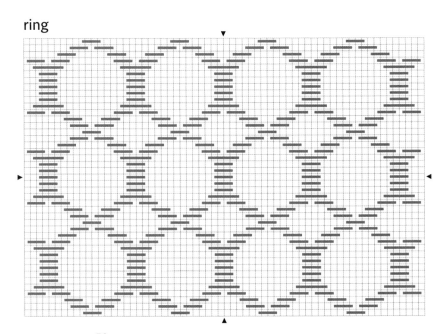

ring

模様図鑑 (p.13)

材料

布　ケンセン コングレス（約7×7目／1cm）
　　　黒（62）

糸　オリムパス こぎん糸 生成（731）

turn

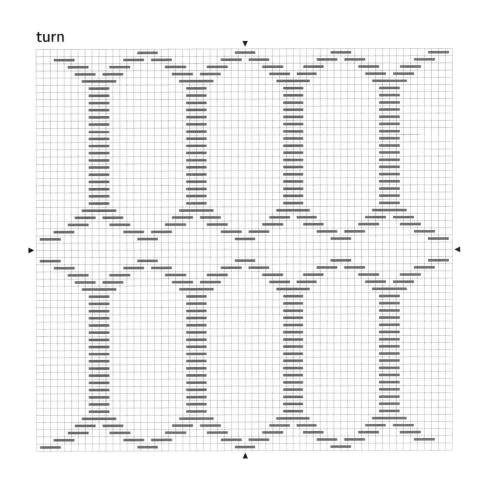

模様図鑑 (p.13-15)

材料（共通）

布　ケンセン コングレス（約7×7目／1㎝）黒（62）
糸　オリムパス こぎん糸 生成（731）
　　COSMO 25番刺しゅう糸 水色（2981・6本どり）
　　（cosmosの中心部）

chain

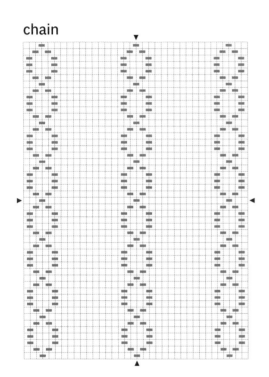

chou

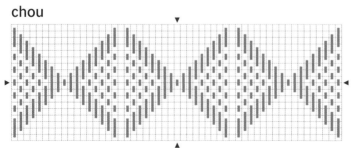

uraraka

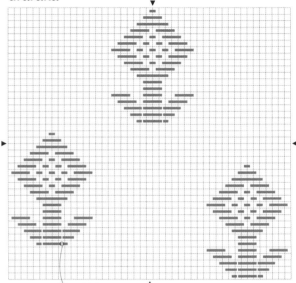

同じ穴から刺す

cosmos

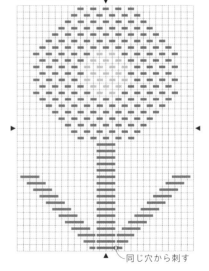

同じ穴から刺す

模様図鑑 (p.15)

材料

布 ケンセン コングレス（約7×7目／1cm）
　　黒（62）

糸 オリムパス こぎん糸 生成（731）

revival

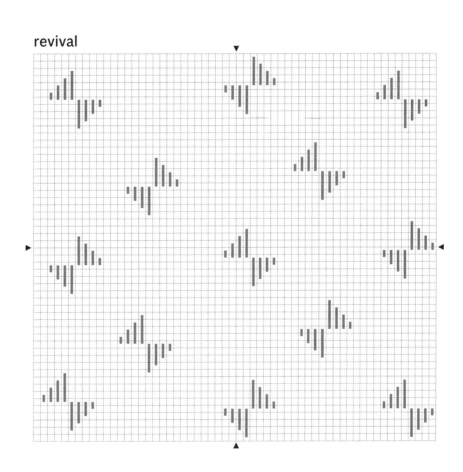

模様図鑑 (p.16)

材料

布　ケンセン コングレス（約7×7目／1cm）
　　黒（62）
糸　オリムパス こぎん糸 生成（731）

biscuit

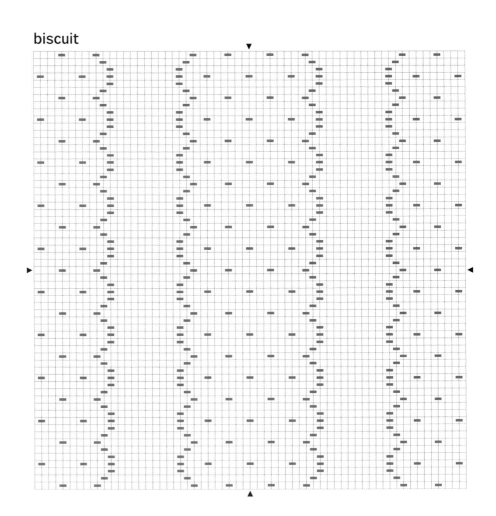

模様図鑑 (p.17)

材料（共通）
布　ケンセン コングレス（約7×7目／1cm）
　　黒（62）
糸　オリムパス こぎん糸 生成（731）

ringo

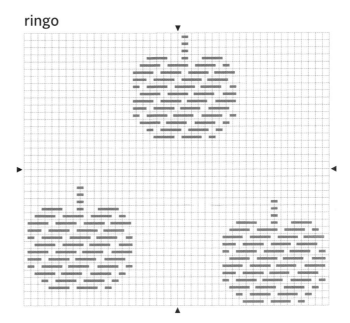

gift

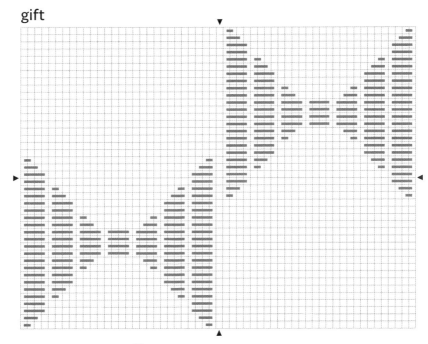

オーバルブローチ (大)・(小)
(p.18-19)

材料　大・小(1個分・共通)
表布　ケンセン コングレス
　　　(約7×7目／1cm)
　　　黒(62)、紺(60)、
　　　濃ベージュ(67)、
　　　ベージュ(70)10×10cm
裏布　フェルト 黒、紺、ベージュ、白
　　　10×10cm
糸　　オリムパス こぎん糸
　　　生成(731)、
　　　黒(900:大のみ)、
　　　紺(343:大のみ)
　　　COSMO 25番刺しゅう糸
　　　水色(2981・6本どり)
ブローチピン　1個
厚紙　10×10cm

出来上り寸法
小：縦4×横3cm(mori、uraraka)
　　縦3×横4cm(leaf、chou)
大：縦6×横4.7cm(cosmos)
　　縦4.7×横6cm(その他12種)

ブローチ(大)の図案位置

＊中心に型紙を当てて線を引き、各模様の図案ページを参照して刺繍をする
wadachi、sakana、cosmos、biscuit、mori以外は好みの位置に配置する

wadachi (p.65)
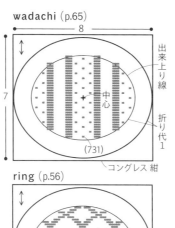
8
7
出来上り線
折り代1
中心
(731)
コングレス 紺

ring (p.56)
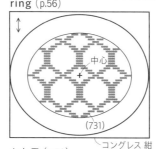
中心
(731)
コングレス 紺

かた雪 (p.53)
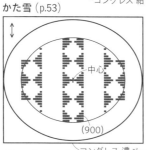
中心
(900)
コングレス 濃ベージュ

cosmos (p.65)
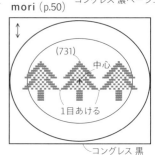

vent (p.56)
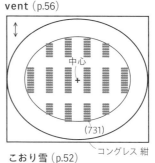
中心
(731)
コングレス 紺

こおり雪 (p.52)
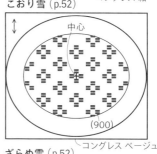
中心
(900)
コングレス ベージュ

ざらめ雪 (p.52)
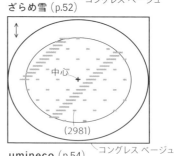
中心
(2981)
コングレス ベージュ

umineco (p.54)
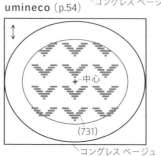
中心
(731)
コングレス ベージュ

chain (p.58)
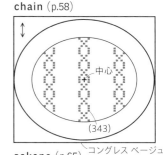
中心
(343)
コングレス ベージュ

sakana (p.65)
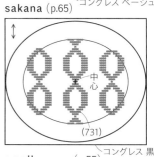
中心
(731)
コングレス 黒

small waves (p.55)
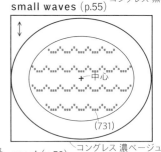
中心
(731)
コングレス 濃ベージュ

mori (p.50)
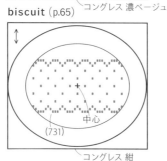
中心
(731)
1目あける
コングレス 黒

cosmos (p.65)
7
8
出来上り線
折り代1
(731)
(2981)
中心
コングレス 濃ベージュ

1. 表布に刺繍をする

ブローチ（小）

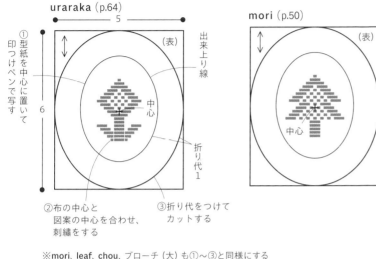

uraraka (p.64)

5

① 型紙を中心に置いて印つけペンで写す

6

（表）

出来上り線

中心

折り代1

②布の中心と図案の中心を合わせ、刺繍をする

③折り代をつけてカットする

mori (p.50)

（表）

中心

leaf (p.64)

6

5

（表）

中心

chou (p.64)

（表）

中心

※mori、leaf、chou、ブローチ（大）も①～③と同様にする
※コングレス 黒・紺・濃ベージュはこぎん糸 生成（731）、
　コングレス ベージュは25番刺しゅう糸 水色（2981）で刺繍をする

2. 表布に厚紙を貼る

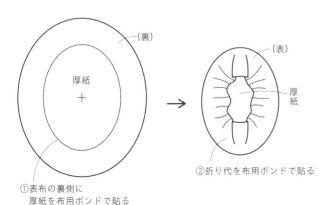

（裏）

厚紙

＋

①表布の裏側に厚紙を布用ボンドで貼る

→

（表）

厚紙

②折り代を布用ボンドで貼る

3. 裏布を貼り、ブローチピンをつける

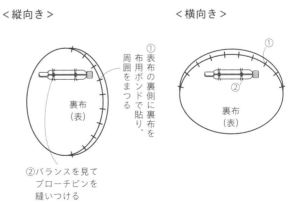

＜縦向き＞

裏布
（表）

①表布の裏側に裏布を布用ボンドで貼り、周囲をまつる

②バランスを見てブローチピンを縫いつける

＜横向き＞

①

②

裏布
（表）

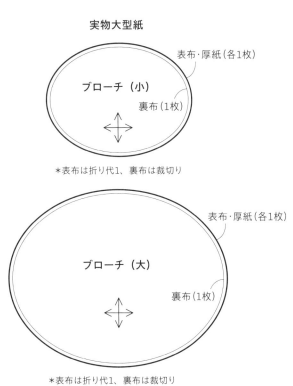

実物大型紙

表布・厚紙(各1枚)

ブローチ(小)

裏布(1枚)

↔

＊表布は折り代1、裏布は裁切り

表布・厚紙(各1枚)

ブローチ(大)

裏布(1枚)

↔

＊表布は折り代1、裏布は裁切り

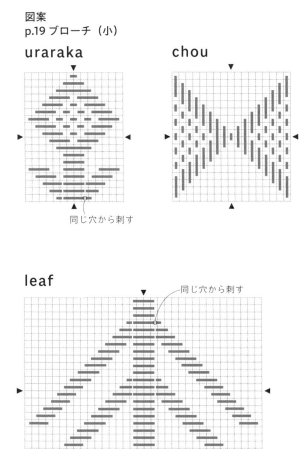

図案
p.19 ブローチ(小)

uraraka

chou

同じ穴から刺す

leaf

同じ穴から刺す

図案
p.18 ブローチ（大）

cosmos

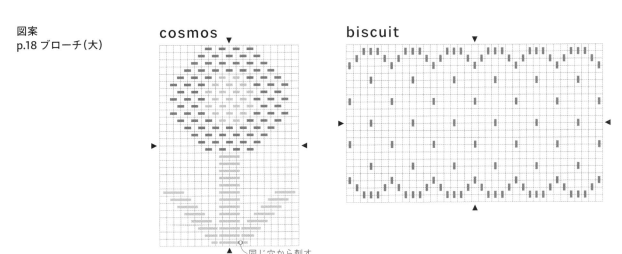

同じ穴から刺す

biscuit

wadachi

sakana

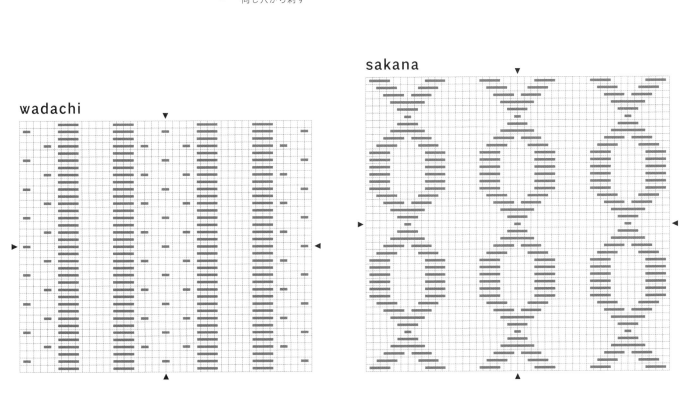

ミニバッグ (p.20)

材料

\<a\>

表布・持ち手
　　　ケンセン コングレス (約7×7目／1cm)
　　　紺 (60) 60×35cm

裏布 紺50×35cm

糸 オリムパス こぎん糸 生成 (731)

\<b\>

表布・持ち手
　　　ケンセン コングレス (約7×7目／1cm)
　　　黒 (62) 60×35cm

裏布 黒50×35cm

糸 オリムパス こぎん糸 生成 (731)

出来上り寸法

縦23×横19cm

1. 表布に刺繍をする　※縫い代は指定以外 2 cmつける

a

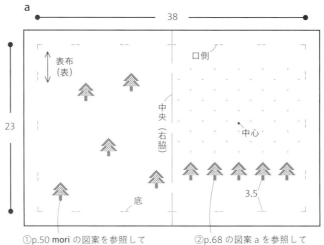

①p.50 mori の図案を参照して
好みの位置に刺繍をする

②p.68 の図案 a を参照して
刺繍をする

b

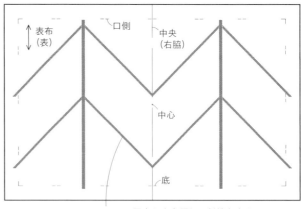

p.69 の図案 b を参照して刺繍をする

2. 持ち手を作る

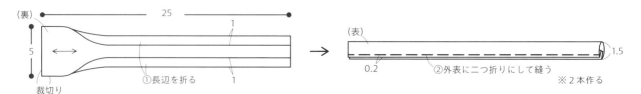

①長辺を折る

裁切り

②外表に二つ折りにして縫う

※2 本作る

66

3. 本体を作る

表布

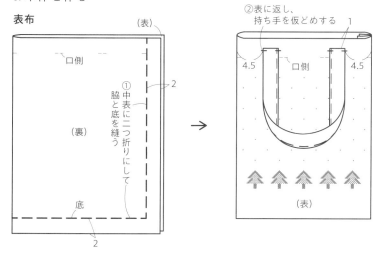

（表）

口側

①中表に二つ折りにして脇と底を縫う

（裏）

2

底

2

②表に返し、持ち手を仮どめする

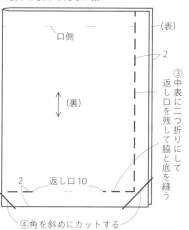

1

4.5　口側　4.5

（表）

裏布

※裏布は表布と同寸に裁つ

（表）

口側

（裏）

2

③中表に二つ折りにして返し口を残して脇と底を縫う

2　返し口 10

④角を斜めにカットする

4. まとめる

①表布と裏布を中表に合わせて口側をぐるりと縫う

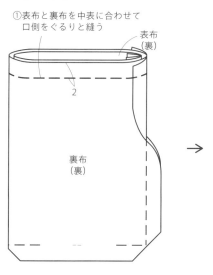

表布（裏）

2

裏布（裏）

表布（表）

②表に返し、返し口をとじる

図案 a

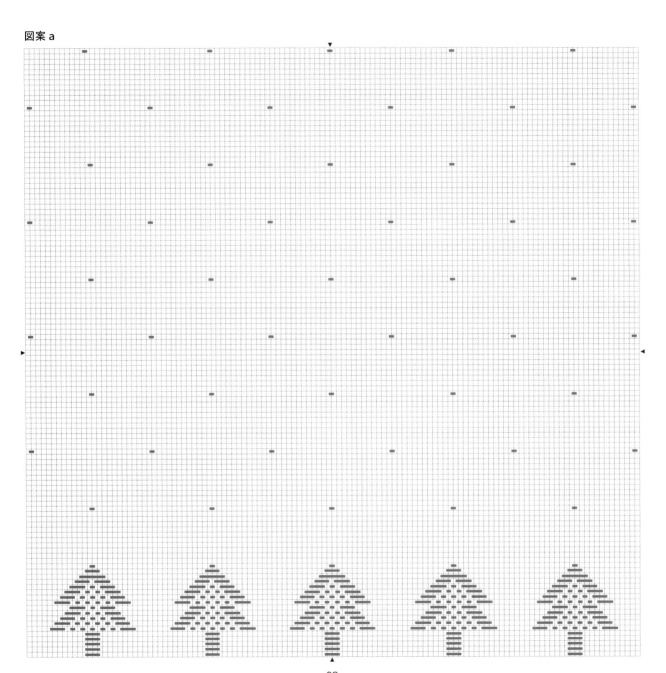

図案 b

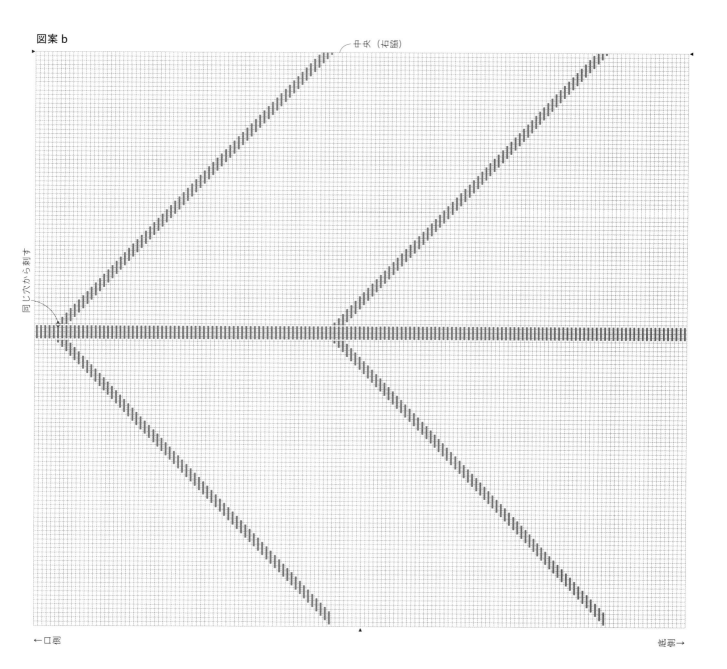

中央（右脇）

同じ穴から刺す

←口側

底側→

69

カードケース (p.20)

材料

\<a\>

表布 ケンセン コングレス (約7×7目／1cm)
　　　紺 (60) 20×35cm

裏布 紺20×35cm

糸 オリンパス こぎん糸 生成 (731)

\<b\>

表布 ケンセン コングレス (約7×7目／1cm)
　　　黒 (62) 20×35cm

裏布 黒20×35cm

糸 オリムパス こぎん糸 生成 (731)

出来上り寸法

縦8×横12cm

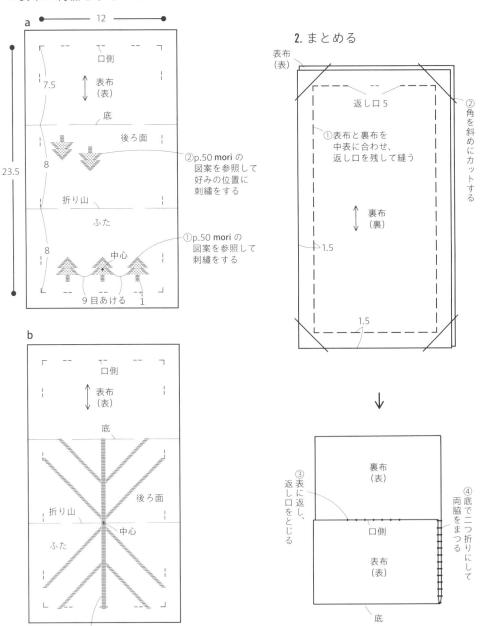

1. 表布に刺繍をする　※縫い代は 1.5 cmつける

a

12

口側

表布
(表)

7.5

底

後ろ面

8

②p.50 mori の
図案を参照して
好みの位置に
刺繍をする

23.5

折り山

ふた

8

①p.50 mori の
図案を参照して
刺繍をする

中心

9目あける　1

b

口側

表布
(表)

底

後ろ面

折り山

中心

ふた

p.71 の図案 b を参照して刺繍をする

2. まとめる

表布
(表)

返し口 5

②角を斜めにカットする

①表布と裏布を
中表に合わせ、
返し口を残して縫う

裏布
(裏)

1.5

1.5

↓

裏布
(表)

③表に返し、返し口をとじる

口側

④底で二つ折りにして両脇をまつる

表布
(表)

底

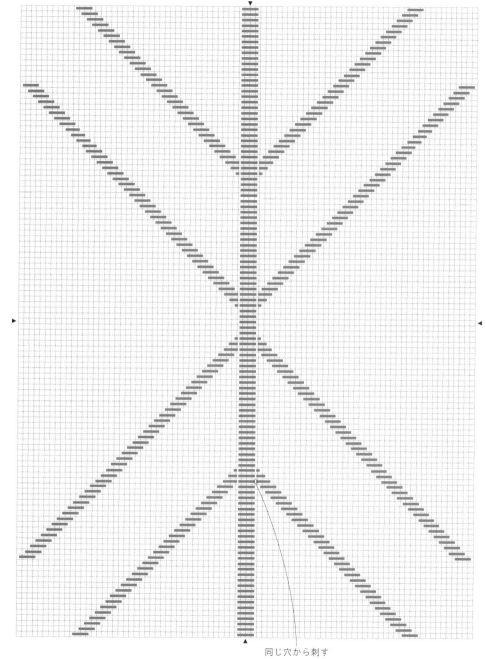

同じ穴から刺す

丸底巾着 (p.22)

材料

表布 ケンセン コングレス (約7×7目／1cm)
ベージュ (70) 55×50cm

裏布 ベージュ 50×45cm

糸 オリムパス こぎん糸 生成 (731)

コード 太さ0.5cm　1mを2本

出来上り寸法

底直径13×高さ22cm

＊底の実物大型紙はp.91

1. 表布に刺繍をする　※縫い代は1.5cmつける

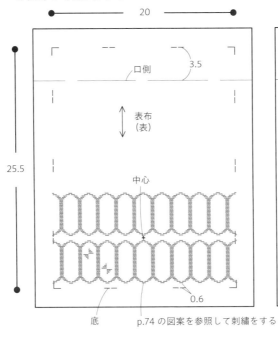

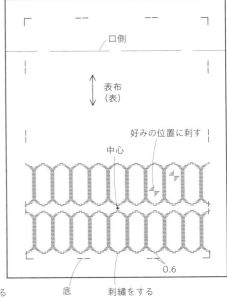

20

3.5

口側

表布
(表)

中心

25.5

底　p.74の図案を参照して刺繍をする

0.6

好みの位置に刺す

口側

表布
(表)

中心

底　刺繍をする

0.6

2. 側面を作る

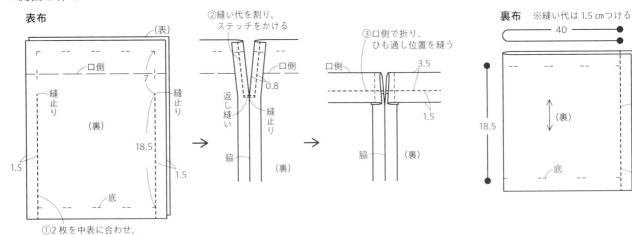

表布

(表)

口側

7

縫止り

縫止り

(裏)

18.5

1.5

底

1.5

①2枚を中表に合わせ、
両脇を縫止りまで縫う

②縫い代を割り、
ステッチをかける

口側

0.8

返し縫い

縫止り

脇

(裏)

③口側で折り、
ひも通し位置を縫う

口側

3.5

1.5

脇　(裏)

裏布　※縫い代は1.5cmつける

40

(表)

18.5

(裏)

底

中表に二つ折にして縫い、縫い代を割る

1.5

72

3. 表袋と裏袋を作る

表袋

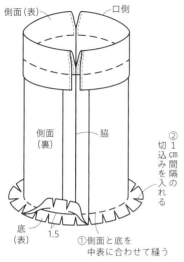

側面（表）　口側

側面（裏）　脇

② 1cm間隔の切込みを入れる

底（表）　1.5

① 側面と底を中表に合わせて縫う

裏袋

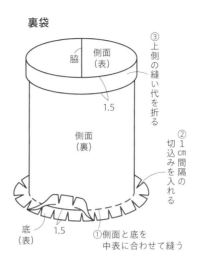

脇　側面（表）

③ 上側の縫い代を折る

1.5

側面（裏）

② 1cm間隔の切込みを入れる

底（表）　1.5

① 側面と底を中表に合わせて縫う

4. まとめる

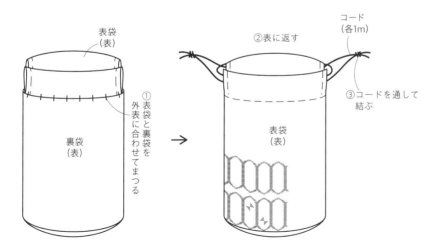

表袋（表）

① 表袋と裏袋を外表に合わせてまつる

裏袋（表）

② 表に返す

コード（各1m）

③ コードを通して結ぶ

表袋（表）

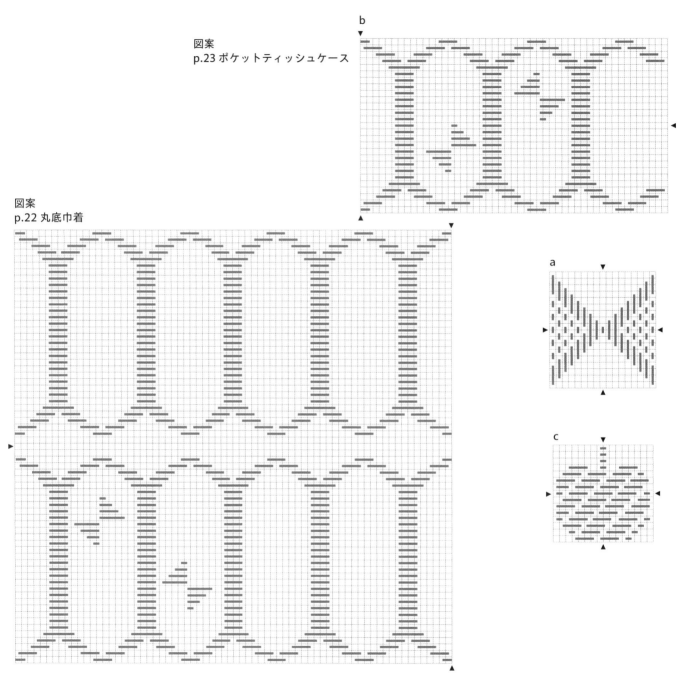

図案
p.23 ポケットティッシュケース

図案
p.22 丸底巾着

a

c

74

ポケットティッシュケース (p.23)

材料

\<a\>

表布	ケンセン コングレス（約7×7目／1㎝） 濃ベージュ (67) 25×30㎝
糸	オリムパス こぎん糸 黒 (900)

\<b\>

表布	ケンセン コングレス（約7×7目／1㎝） ベージュ (70) 25×30㎝
糸	オリムパス こぎん糸 生成 (731)

\<c\>

表布	ケンセン コングレス（約7×7目／1㎝） 黒 (62) 25×30㎝
糸	オリムパス こぎん糸 生成 (731)

出来上り寸法

縦9.4×横14㎝

1. 表布に刺繍をする　※縫い代は 2 ㎝つける

a

14

18.4

4.5

9.4

4.5

11目あける

中心

折り山

↕ 表布
（表）

折り山

中心

11目あける

p.74 の図案 a を参照して刺繍をする

b

中心

折り山　　好みの位置に刺す

↕ 表布
（表）

折り山

中心

p.74 の図案 b を参照して刺繍をする

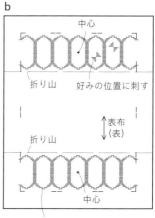

c

中心

13目あける　　折り山

↕ 表布
（表）

折り山

中心

13目あける

p.74 の図案 c を参照して刺繍をする

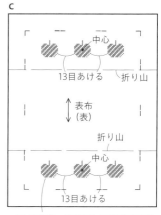

2. まとめる

①短辺にジグザグミシンをかける

表布
（表）

①

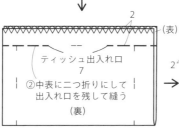

2

（表）

ティッシュ出入れ口
7

②中表に二つ折りにして
出入れ口を残して縫う

（裏）

③縫い代を割り、縫い目を中央に
ずらして両脇を縫う

（表）

2

（裏）

2

④両脇にジグザグミシンをかける

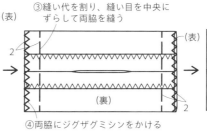

⑤出入れ口から
表に返す

（表）

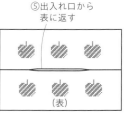

75

おやつマット (p.24)

材料(1個分)

<a>

表布 ケンセン コングレス (約7×7目／1cm)
　　　 ベージュ (70) 30×30cm

裏布 生成り30×20cm

糸 　オリムパス こぎん糸 生成 (731)

<b>

表布 ケンセン コングレス (約7×7目／1cm)
　　　 濃ベージュ (67) 30×30cm

裏布 茶色30×20cm

糸 　オリムパス こぎん糸 黒 (900)、
　　　 生成 (731)、スモークグリーン (341)

<c>

表布 ケンセン コングレス (約7×7目／1cm)
　　　 紺 (60) 30×30cm

裏布 紺30×20cm

糸 　オリムパス こぎん糸 黒 (900)

出来上り寸法

縦12×横21cm

1. 表布に刺繍をする　※縫い代は 0.7 cmつける

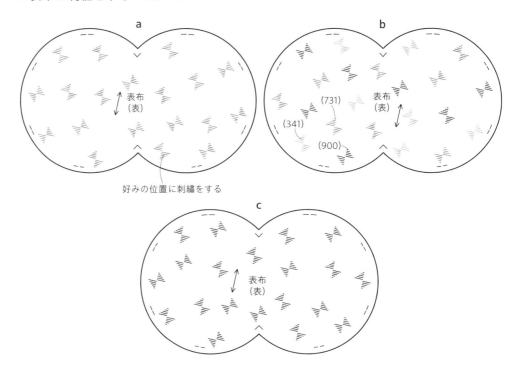

好みの位置に刺繍をする

2. まとめる

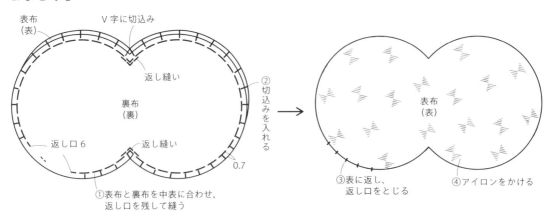

実物大型紙

図案

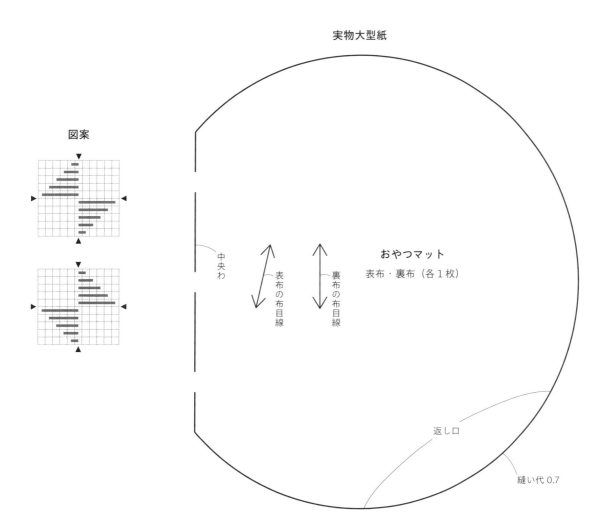

中央わ

表布の布目線

裏布の布目線

おやつマット
表布・裏布（各1枚）

返し口

縫い代 0.7

ファブリックボードa・b (p.26)

材料

\<a\>

表布 ケンセン コングレス (約7×7目／1cm)
黒 (62) 35×45cm

裏布 フェルト 黒25×35cm

糸 オリムパス こぎん糸 生成 (731)、紺 (343)
オリムパス 25番刺しゅう糸
グレー (414・6本どり)

\<b\>

表布 ケンセン コングレス (約7×7目／1cm)
濃ベージュ (67) 30×35cm

裏布 フェルト グレー25×35cm

糸 オリムパス こぎん糸 生成 (731)、
紺 (ループ用・343)

\<共通\>

キルト芯 25×35cm

厚紙 25×35cm

出来上り寸法

\<a\> 縦27×横21cm

\<b\> 縦23×横18cm

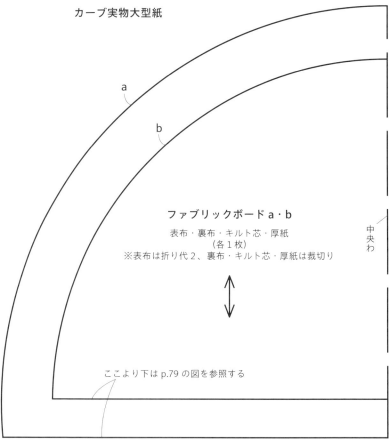

カーブ実物大型紙

a

b

中央わ

ファブリックボード a・b
表布・裏布・キルト芯・厚紙
(各1枚)
※表布は折り代2、裏布・キルト芯・厚紙は裁切り

ここより下は p.79 の図を参照する

図案 a

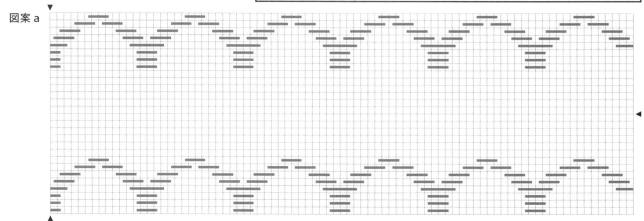

1. 表布に刺繍をする

a

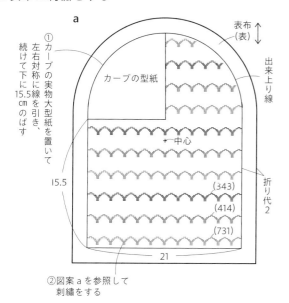

①カーブの実物大型紙を置いて左右対称に線を引き、続けて下に15.5cmのばす

カーブの型紙

表布
（表）

出来上り線

中心

折り代2

(343)
(414)
(731)

15.5

21

②図案 a を参照して刺繍をする

b

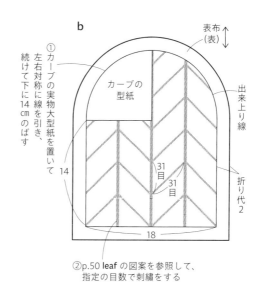

①カーブの実物大型紙を置いて左右対称に線を引き、続けて下に14cmのばす

カーブの型紙

表布
（表）

出来上り線

折り代2

14

31目
31目

18

②p.50 leaf の図案を参照して、指定の目数で刺繍をする

2. 表布と裏布を作る

表布

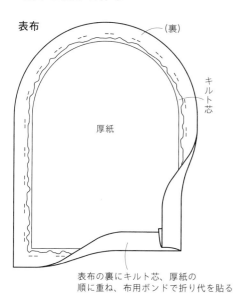

（裏）

厚紙

キルト芯

表布の裏にキルト芯、厚紙の順に重ね、布用ボンドで折り代を貼る

裏布

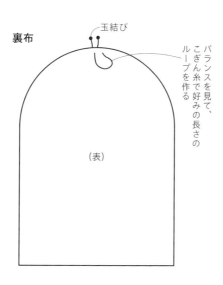

玉結び

バランスを見て、こぎん糸で好みの長さのループを作る

（表）

3. まとめる

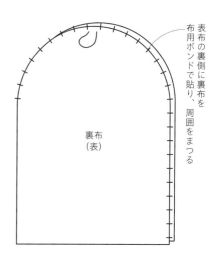

表布の裏側に裏布を布用ボンドで貼り、周囲をまつる

裏布
（表）

ファブリックボードc (p.27)

材料

表布　ケンセン コングレス (約7×7目／1cm)
　　　ベージュ (70) 70×55cm
糸　　オリムパス こぎん糸 生成 (731)
土台　画材用木枠
　　　幅52×高さ37×厚さ2cm

出来上り寸法

縦37×横52cm

1. 表布に刺繍をする

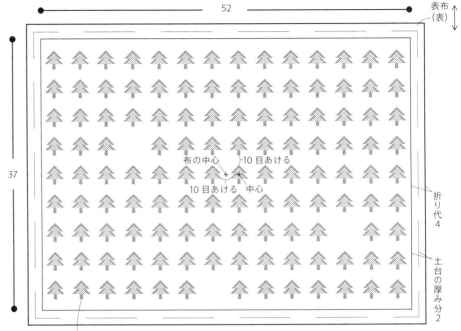

52

37

表布 (表)

布の中心　10目あける
10目あける　中心

折り代 4

土台の厚み分 2

p.50 mori の図案を参照して刺繍をする

2. まとめる

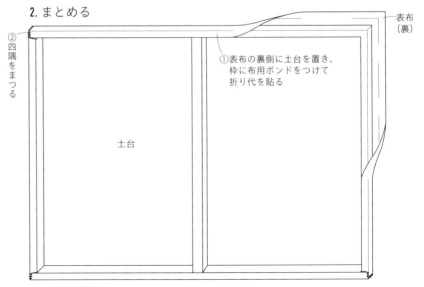

表布 (裏)

②四隅をまつる

①表布の裏側に土台を置き、
枠に布用ボンドをつけて
折り代を貼る

土台

カーテンタッセル (p.29)

材料(1組み分)
表布 ケンセン コングレス(約7×7目／1cm)
　　　ベージュ(70) 55×30cm
裏布・ループ 生成り60×30cm
糸 オリムパス こぎん糸 生成(731)

出来上り寸法
縦7×横42cm

1. 表布に刺繍をする　※縫い代は指定以外2cmつける

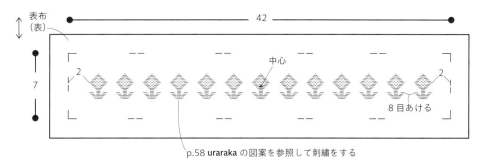

中心

8目あける

p.58 uraraka の図案を参照して刺繍をする

2. ループを作る

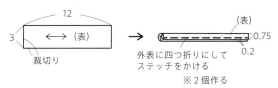

12
3
←→ (表)
裁切り

(表)
0.75
0.2
外表に四つ折りにして
ステッチをかける
※2個作る

3. まとめる

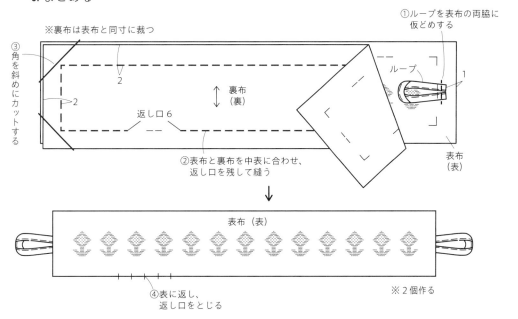

①ループを表布の両脇に
仮どめする

※裏布は表布と同寸に裁つ

③角を斜めにカットする

2
2

裏布(裏)

返し口6

ループ
1

表布(表)

②表と裏布を中表に合わせ、
返し口を残して縫う

表布(表)

④表に返し、
返し口をとじる

※2個作る

クッション（小） (p.28)

材料

表布 ケンセン コングレス（約7×7目／1cm）
　　　　濃ベージュ（67）45×35cm

裏布 キャメル45×35cm

裏打ち布 45×35cm

糸 オリムパス こぎん糸 黒（900）
　　　COSMO 25番刺しゅう糸
　　　水色（2981・6本どり）

わた 適宜

出来上り寸法

縦20×横30×まち5cm

1. 表布に刺繍をする　※縫い代は2cmつける

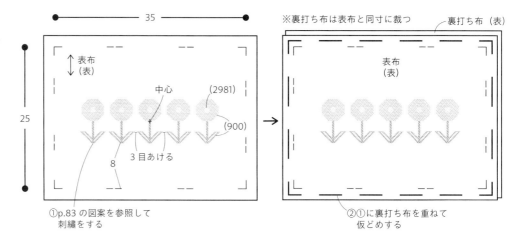

①p.83の図案を参照して
刺繍をする

②①に裏打ち布を重ねて
仮どめする

※裏打ち布は表布と同寸に裁つ

2. まとめる

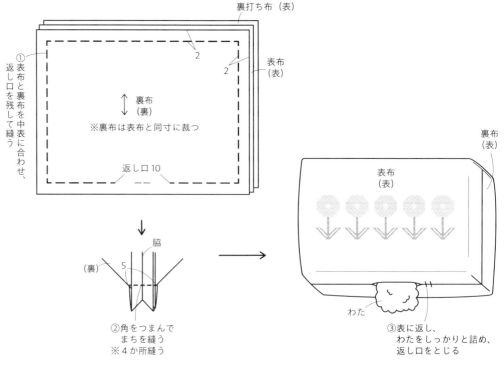

①表布と裏布を中表に合わせ、返し口を残して縫う

②角をつまんでまちを縫う
※4か所縫う

③表に返し、わたをしっかりと詰め、返し口をとじる

82

図案
クッション（小）

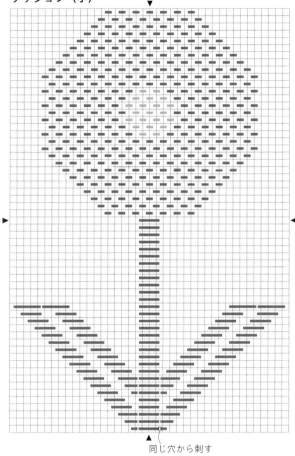

同じ穴から刺す

図案
p.36 かごの持ち手 a

同じ穴から刺す

同じ穴から刺す

クッション（大）(p.29)

材料

表布 ケンセン コングレス（約7×7目／1cm）
ベージュ（70）45×45cm

裏布 ベージュ45×45cm

裏打ち布 45×45cm

糸 COSMO 25番刺しゅう糸
水色（2981・6本どり）

わた 適宜

出来上り寸法
縦33×横35cm

1. 表布に刺繍をする　※縫い代は2cmつける

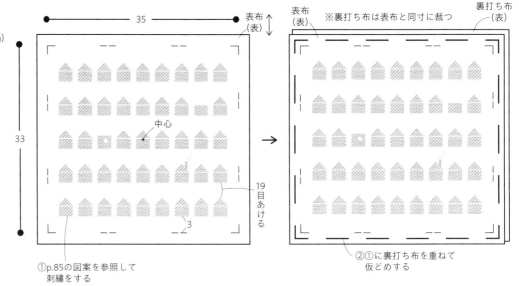

表布（表）

35

33

中心

19目あける

3

①p.85の図案を参照して刺繍をする

表布（表）

※裏打ち布は表布と同寸に裁つ

裏打ち布（表）

②①に裏打ち布を重ねて仮どめする

2. まとめる

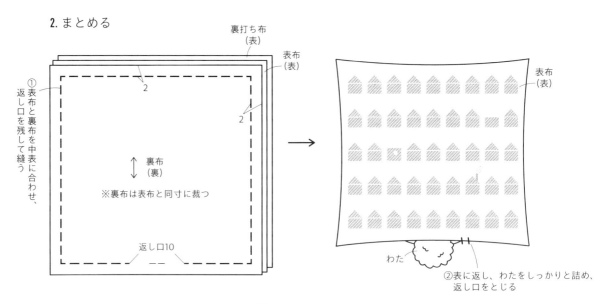

裏打ち布（表）

表布（表）

①表布と裏布を中表に合わせ、返し口を残して縫う

2

2

裏布（裏）

※裏布は表布と同寸に裁つ

返し口10

表布（表）

わた

②表に返し、わたをしっかりと詰め、返し口をとじる

図案
クッション（大）

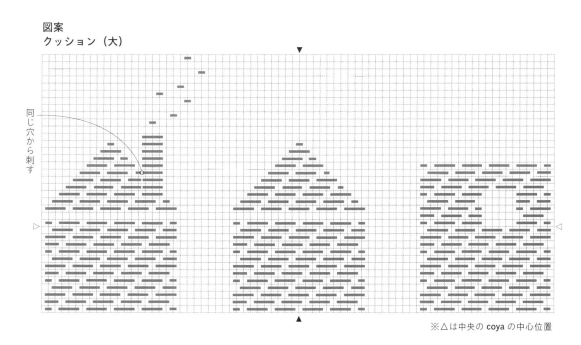

同じ穴から刺す

※△は中央の coya の中心位置

85

つけ衿 (p.30)

材料

<a>

表布 ケンセン コングレス（約7×7目／1cm）
紺（60）50×15cm

裏布 紺50×15cm

糸 オリムパス こぎん糸 黒（900）

スプリングホック 1組み

<b>

表布 ケンセン コングレス（約7×7目／1cm）
黒（62）50×15cm

裏布 黒50×15cm

糸 オリムパス こぎん糸 黒（900）

スプリングホック 1組み

出来上り寸法（開いた状態）

縦6×横42cm

1. 表布に刺繍をする ※縫い代は1.5cmつける

a

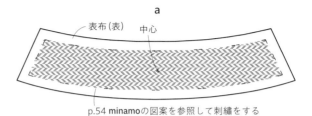

表布（表）　中心

p.54 minamoの図案を参照して刺繍をする

b

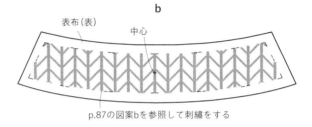

表布（表）　中心

p.87の図案bを参照して刺繍をする

2. まとめる

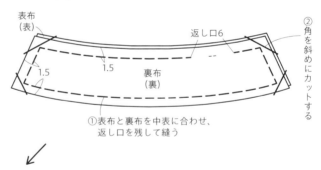

表布（表）　返し口6　②角を斜めにカットする

1.5　1.5　裏布（裏）

①表布と裏布を中表に合わせ、
返し口を残して縫う

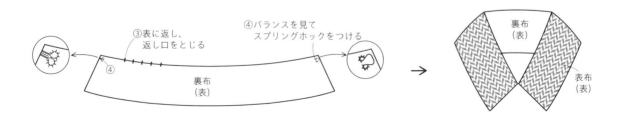

③表に返し、
返し口をとじる

④バランスを見て
スプリングホックをつける

④　裏布（表）

裏布（表）　表布（表）

図案 b

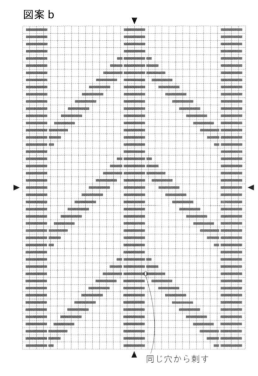

▲ 同じ穴から刺す

型紙
※120%に拡大

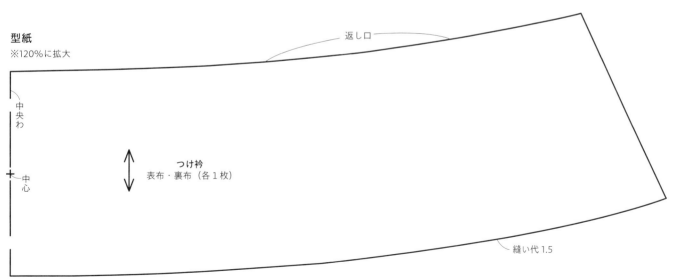

返し口

中央わ

＋中心

つけ衿
表布・裏布（各1枚）

縫い代 1.5

バケツ形バッグ (p.34)

材料

表布・持ち手
　ケンセン コングレス
　（約7×7目／1cm）
　黒（62）60×70cm

裏布・持ち手・内ポケット
　黒60×70cm

糸　オリムパス こぎん糸 黒（900）

出来上り寸法
直径13cm×高さ19cm

*底の実物大型紙はp.91

1. 表布に刺繍をする　※縫い代は指定以外1.5cmつける

側面

持ち手

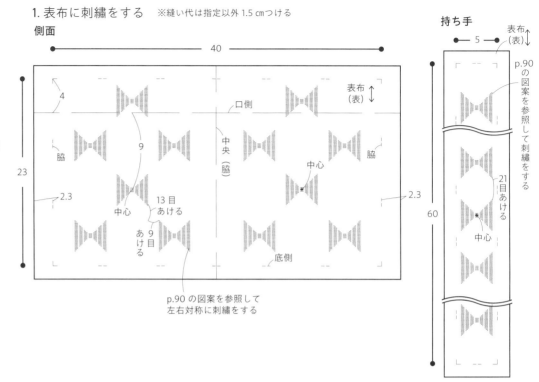

p.90の図案を参照して
左右対称に刺繍をする

2. 各パーツを作る

持ち手

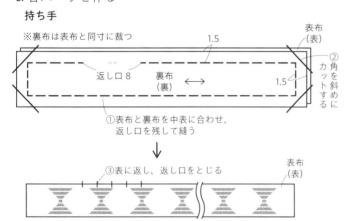

内ポケット

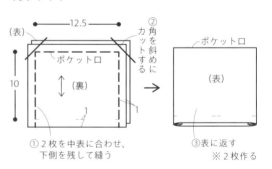

3. 表袋と裏袋を作る

表袋

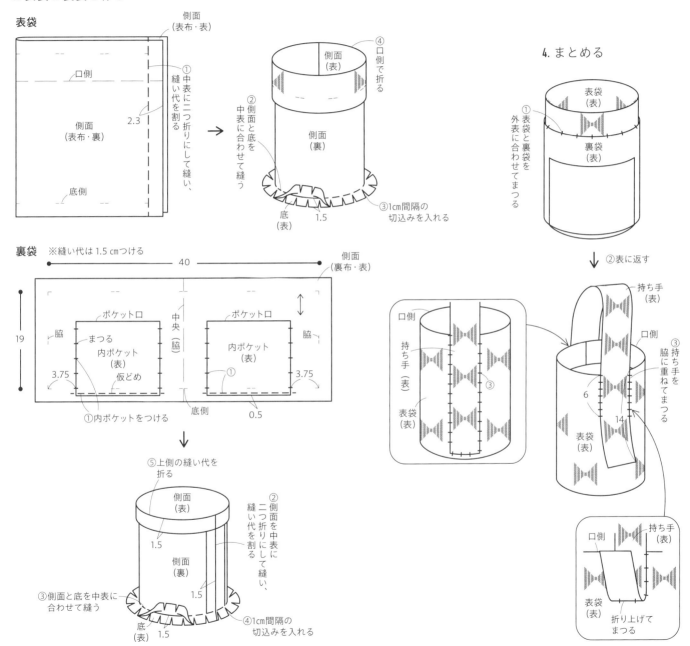

側面（表布・表）

口側

側面（表布・裏）

2.3

底側

① 中表に二つ折りにして縫い、縫い代を割る

側面（表）

側面（裏）

④ 口側で折る

② 側面と底を中表に合わせて縫う

底（表）　1.5

③ 1cm間隔の切込みを入れる

裏袋　※縫い代は1.5cmつける

40

側面（裏布・表）

19

脇

ポケット口

まつる

内ポケット（表）

仮どめ

3.75

中央（脇）

ポケット口

内ポケット（表）

①

脇

3.75

① 内ポケットをつける

底側

0.5

⑤ 上側の縫い代を折る

側面（表）

1.5

側面（裏）

1.5

② 側面を中表に二つ折りにして縫い、縫い代を割る

③ 側面と底を中表に合わせて縫う

底（表）　1.5

④ 1cm間隔の切込みを入れる

4. まとめる

表袋（表）

裏袋（表）

① 表袋と裏袋を外表に合わせてまつる

② 表に返す

口側

持ち手（表）

表袋（表）

③

口側

持ち手（表）

口側

③ 持ち手を脇に重ねてまつる

6

14

表袋（表）

口側

持ち手（表）

表袋（表）

折り上げてまつる

アクセサリーポーチ
(p.35)

材料
表布 ケンセン コングレス（約7×7目／1cm）
ベージュ（70）15×30cm
裏布 ベージュ15×30cm
糸 オリムパス こぎん糸 黒（900）
マグネットホック（縫いつけタイプ）
直径1.7cm　1組み

出来上り寸法（閉じた状態）
縦8.5×横9cm

1. 表布に刺繍をする ※縫い代は 1.5 cmつける

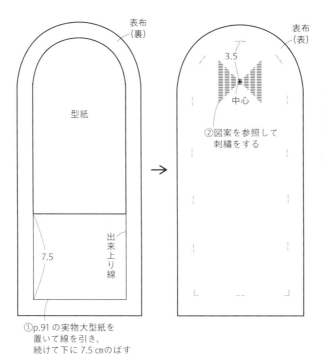

表布（裏）

型紙

7.5

出来上り線

①p.91 の実物大型紙を
置いて線を引き、
続けて下に 7.5 cmのばす

表布（表）

3.5

中心

②図案を参照して
刺繍をする

2. まとめる

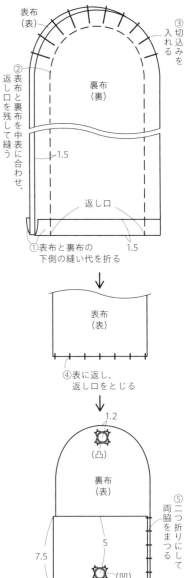

表布（表）

③切込みを入れる

②表布と裏布を中表に合わせ、返し口を残して縫う

裏布（裏）

1.5

返し口

①表布と裏布の下側の縫い代を折る

1.5

表布（表）

④表に返し、返し口をとじる

1.2

（凸）

裏布（表）

⑤二つ折りにして両脇をまつる

7.5

5

（凹）

表布（表）

⑥マグネットホックを縫いつける

図案
p.34 バケツ形バッグ
p.35 アクセサリーポーチ

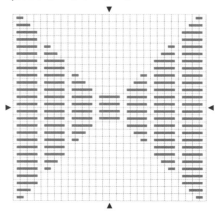

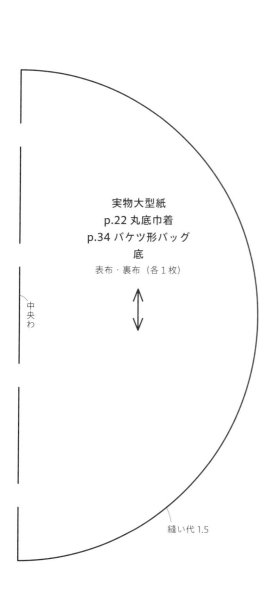

実物大型紙
p.22 丸底巾着
p.34 バケツ形バッグ
底
表布・裏布（各1枚）

中央わ

縫い代 1.5

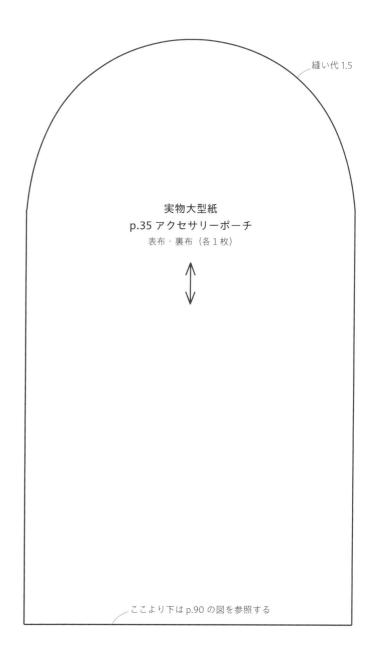

実物大型紙
p.35 アクセサリーポーチ
表布・裏布（各1枚）

縫い代 1.5

ここより下は p.90 の図を参照する

かごの持ち手 (p.36)

材料

<a>
表布	ケンセン コングレス (約7×7目／1cm) 黒 (62) 35×75cm
裏布	黒25×85cm
糸	オリムパス こぎん糸 生成 (731)
かご	横30×高さ13×幅10cm

<b>
表布	ケンセン コングレス (約7×7目／1cm) 紺 (60) 30×75cm
裏布	紺20×85cm
糸	オリムパス こぎん糸 生成 (731)

<c>
表布	ケンセン コングレス (約7×7目／1cm) ベージュ (70) 20×75cm
裏布	ベージュ15×85cm
糸	COSMO 25番刺しゅう糸 水色 (2981・6本どり)

<d>
表布	ケンセン コングレス (約7×7目／1cm) 濃ベージュ (67) 25×75cm
裏布	グレー20×85cm
糸	オリムパス こぎん糸 黒 (900)

<e>
表布	ケンセン コングレス (約7×7目／1cm) 紺 (60) 20×75cm
裏布	紺15×85cm
糸	オリムパス こぎん糸 生成 (731)

<f>
表布	ケンセン コングレス (約7×7目／1cm) 黒 (62) 25×75cm
裏布	黒20×85cm
糸	オリムパス こぎん糸 生成 (731)

出来上り寸法

a 幅6cm、b 幅5cm、c・e 幅3cm、d・f 幅3.5cm

1. 表布に刺繍をする

※縫い代は a は 2cm、b〜f は 1cmつける

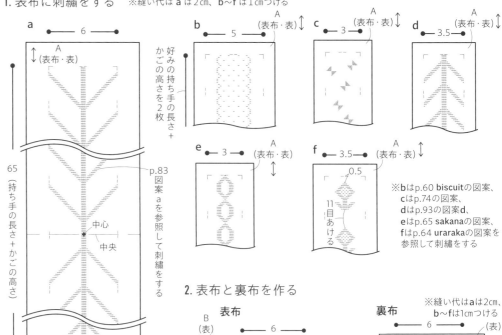

好みの持ち手の長さ+かごの高さを2枚

p.83 図案 a を参照して刺繍をする

※bはp.60 biscuitの図案、cはp.74の図案、dはp.93の図案d、eはp.65 sakanaの図案、fはp.64 urarakaの図案を参照して刺繍をする

2. 表布と裏布を作る

※縫い代はaは2cm、b〜fは1cmつける

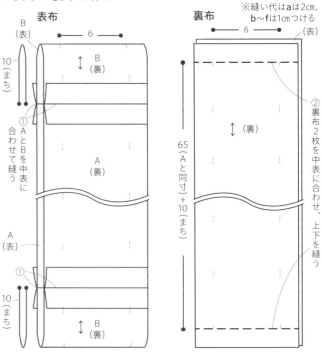

表布

裏布

①AとBを中表に合わせて縫う

②裏布2枚を中表に合わせ、上下を縫う

3. まとめる

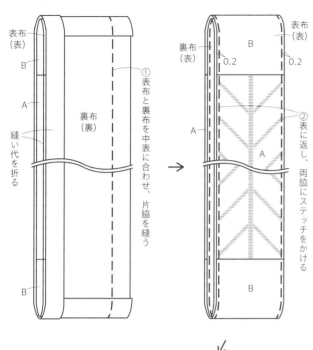

表布（表）

B

A

縫い代を折る

裏布（裏）

① 表布と裏布を中表に合わせ、片脇を縫う

B

→

裏布（表）

B

0.2

表布（表）

0.2

A

A

B

② 表に返し、両脇にステッチをかける

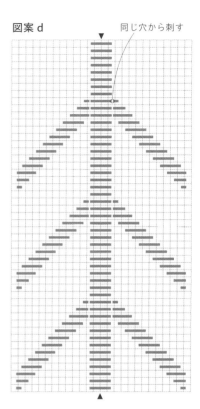

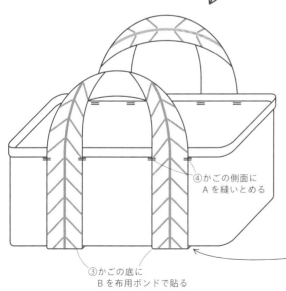

④ かごの側面にAを縫いとめる

③ かごの底にBを布用ボンドで貼る

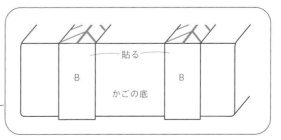

貼る

B

B

かごの底

リボンのヘアゴム
(p.32)

材料

\<a\>
表布 ケンセン コングレス
(約7×7目／1cm)
ベージュ (70) 25×10cm
裏布 ベージュ25×10cm
糸 COSMO 25番刺しゅう糸
水色 (2981·6本どり)

\<b\>
表布 ケンセン コングレス
(約7×7目／1cm)
濃ベージュ (67) 25×10cm
裏布 グレー25×10cm
糸 オリムパス こぎん糸 生成 (731)

\<c\>
表布 ケンセン コングレス
(約7×7目／1cm)
黒 (62) 25×10cm
裏布 黒25×10cm
糸 オリムパス こぎん糸 生成 (731)

\<共通\>
ヘアゴム

出来上り寸法
縦3×横9cm

1. 表布に刺繍をする　※縫い代は1cmつける

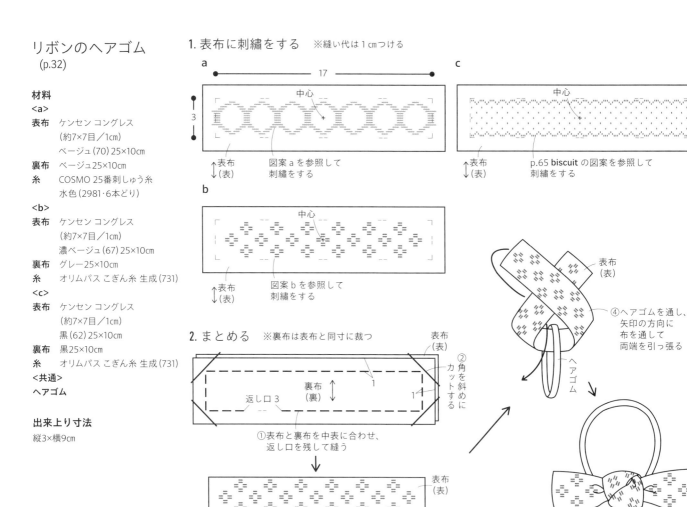

a
17
3
中心
↕ 表布
(表)
図案 a を参照して
刺繍をする

b
中心
↕ 表布
(表)
図案 b を参照して
刺繍をする

c
中心
↕ 表布
(表)
p.65 biscuit の図案を参照して
刺繍をする

2. まとめる　※裏布は表布と同寸に裁つ

表布
(表)
裏布
(裏)
1
1
1
返し口 3
② 角を斜めにカットする
① 表布と裏布を中表に合わせ、
返し口を残して縫う

表布
(表)
③ 表に返し、返し口をとじる

表布
(表)
ヘアゴム
④ ヘアゴムを通し、
矢印の方向に
布を通して
両端を引っ張る

図案 a

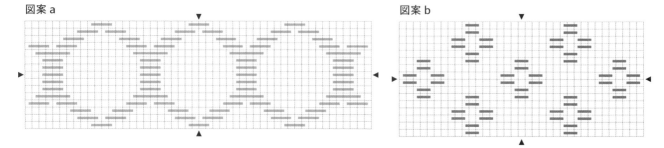

図案 b

94

ピンクッション (p.38)

材料

<a>

表布 ケンセン コングレス (約7×7目／1㎝)
　　　紺 (60) 15×15㎝

裏打ち布 15×15㎝

糸 オリムパス こぎん糸 生成 (731)

<b>

表布 ケンセン コングレス (約7×7目／1㎝)
　　　ベージュ (70) 15×15㎝

裏打ち布 15×15㎝

糸 オリムパス こぎん糸 黒 (900)、紺 (343)
　　　COSMO 25番刺しゅう糸
　　　水色 (2981・6本どり)、
　　　オリムパス 25番刺しゅう糸
　　　グレー (414・6本どり)

<共通>

わた 適宜

かご 直径6×高さ3.5㎝

出来上り寸法

直径6×高さ3.5㎝

図案 a

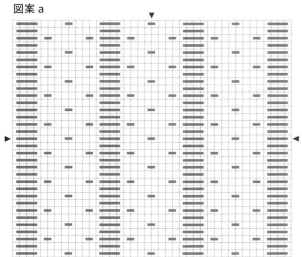

1. 表布に刺繍をする

a

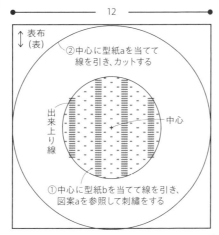

12

↑表布
(表)
↓

②中心に型紙aを当てて
線を引き、カットする

出来上り線　中心

①中心に型紙bを当てて線を引き、
図案aを参照して刺繍をする

b

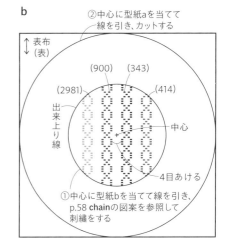

②中心に型紙aを当てて
線を引き、カットする

↑表布
(表)
↓

(2981)　(900)　(343)　(414)

出来上り線　中心

4目あける

①中心に型紙bを当てて線を引き、
p.58 chainの図案を参照して
刺繍をする

2. クッションを作る

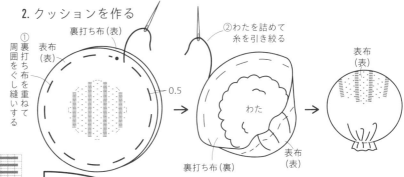

①周囲をぐし縫いする

裏打ち布 (表)　表布 (表)

0.5

②わたを詰めて
糸を引き絞る

わた

裏打ち布 (裏)

表布 (表)

表布 (表)

実物大型紙
ピンクッション
型紙 a
表布・裏打ち布
(各1枚)

中央わ

型紙 b

出来上り線

裁切り

3. まとめる

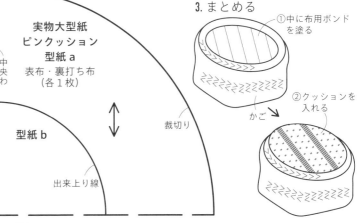

①中に布用ボンド
を塗る

②クッションを
入れる

かご

lite　黒田美里

青森県在住。服飾専門学校卒業後、アパレル企業に就職。2007年よりliteとして製作活動をスタート。北国の凛とした空気感をテーマに、「手仕事がもつ深い想い」と「デザインがもつ潔さ」を大切にしたものづくりを目指している。作品は、青森県立美術館ミュージアムショップ、A-FACTORY（青森市）、THE STABLES（弘前市）で購入できるほか、自身のオンラインショップでも販売。

https://www.instagram.com/lite3310/

雪国で生まれた刺繍
liteの模様図鑑

2023年12月28日　第1刷発行

著　者　黒田美里
発行者　清木孝悦
発行所　学校法人文化学園 文化出版局
　　　　〒151-8524　東京都渋谷区代々木3-22-1
　　　　tel.03-3299-2485（編集）　03-3299-2540（営業）
印刷・製本所　株式会社文化カラー印刷

STAFF

ブックデザイン	天野美保子
撮影	清水奈緒
	安田如水（文化出版局）
スタイリング	河野亜紀
作り方解説	河上布由子
トレース・編集協力	八文字則子
校閲	向井雅子
編集	梶 謡子
	田中 薫（文化出版局）

材料・道具提供

岡健商店（ケンセン コングレス）
TEL：06-6262-0851

オリムパス製絲
https://olympus-thread.com

クロバー
https://clover.co.jp/

ルシアン（COSMO）
https://www.lecien.co.jp/
※「COSMO」は株式会社ルシアンの登録商標です。